Louis-Napoléon Bonaparte.

HISTOIRE
POLITIQUE, MILITAIRE ET PRIVÉE
DU PRINCE
NAPOLÉON-LOUIS BONAPARTE

NEVEU DE L'EMPEREUR,

Jusqu'à l'époque de son admission comme

Représentant du Peuple,

Avec des considérations sur la candidature à la présidence de la République.

Par le commandant LEBLANC,

Ancien officier de l'Empire.

PARIS

Librairie Populaire des Villes et des Campagnes,

RUE DES MAÇONS-SORBONNE, 17.

1848.

Poissy. — Imp. de G. Olivier.

HISTOIRE

POLITIQUE, MILITAIRE, ET PRIVÉE

DU PRINCE

LOUIS-NAPOLÉON BONAPARTE.

Le prince Napoléon-Louis Bonaparte, naquit à Paris le 20 avril 1808, de Louis-Napoléon Bonaparte, roi de Hollande, et d'Hortense-Eugénie de Beauharnais, fille de l'impératrice Joséphine. Des salves d'artillerie annoncèrent dans tout l'empire, d'une extrémité à l'autre, la naissance d'un héritier mâle du grand homme. La gloire française éclipsait alors toutes les gloires et Napoléon accueillait avec bonheur les futurs continuateurs de son œuvre.

Les honneurs les plus éclatants, les démonstrations de la joie la plus vive du peuple français, les réjouissances publiques les plus solennelles saluèrent le berceau du nouveau-né. On inscrivit sur le registre de la dynastie impériale le nom du prince Louis comme devant succéder à l'empereur. Le roi de Rome y prit seul place après lui.

Le cardinal Fesch, son oncle, le baptisa au château de Fontainebleau ; l'empereur et l'impératrice le tinrent sur les fonts de baptême et lui donnèrent les noms de Louis-Napoléon. Plus tard, après la mort de son frère aîné, le prince Charles, il signa *Napoléon-Louis Bonaparte*, d'après les lois du sénatus-consulte de 1804.

A peine âgé de sept ans, le jeune prince fut obligé de partager l'exil de sa famille proscrite. Ce fut à Augsbourg, en Bavière, que se retira sa mère, la reine Hortense, dont le nom est si cher encore à tous les cœurs vraiment français. L'enfance de ses deux fils fut partagée entre tous les exercices qui peuvent fortifier l'esprit et le corps. La direction de leurs études classiques fut confiée à M. Lebas, fils du conventionnel, professeur à l'Athénée de Paris, et maître de conférence à l'École normale.

L'instruction solide du jeune Napoléon-Louis développa les dispositions précoces de son esprit et l'énergie de son caractère. Il excella bientôt à monter à cheval, il eut peu d'égaux dans le maniement des armes et dans les combats à la lance, à la manière des Polonais.

La reine Hortense, forcée de quitter sa résidence d'Augsbourg, obtint, malgré les menaces des Bourbons et de la Sainte-Alliance, la permission de s'établir dans le canton suisse de Turgovie, sur le bord du lac de Constance. Le jeune prince passait ses étés au château d'Arenenberg, situé sur une colline qui domine le lac.

Il profita avec ardeur du voisinage de Constance pour se former aux exercices militaires avec le régiment badois, alors en garnison dans cette ville. En même temps M. Gastard, Français d'un grand mérite, lui enseignait la chimie et la physique.

Le jeune Napoléon fut admis à faire partie du camp que la Suisse formait pour l'instruction de son artillerie chaque année à Thoun, dans le canton de Berne, sous la direction du colonel Dufour, ancien colonel de génie de Napoléon. Le prince se fit remarquer par son application à tous les exercices et à toutes les manœuvres. Tout lui devint familier. Le sac sur le dos, mangeant le pain du soldat, maniant alternativement la brouette et le compas, il gravissait les glaciers avec une ardeur sans égale. Il ne fut pas longtemps sans marquer comme son oncle un goût exclusif pour l'artillerie ; l'étude de cette science si importante s'empara bientôt de tous ses instants.

Il était au camp de Thoun quand la nouvelle de la Révolution de 1830 vint exciter l'enthousiasme dans son jeune cœur. Il crut comme ses camarades que les principes révolutionnaires allaient animer le nouveau gouvernement et réhabiliter le peuple français dans l'estime de l'Europe, aussi haut que l'avait placé Napoléon. Un instant il espéra voir la fin de son exil; mais cet espoir ne tarda pas à être détruit, comme celui de la France, en sa liberté. Le gouvernement des barricades proscrivit, comme celui de 1815, la famille populaire du grand empereur. Le roi, créé par l'insurrection nationale, se fit l'instrument pusillanime des vengeances et des peurs des rois de l'Europe.

Toutes ses illusions étaient détruites, son retour sur le sol natal était impossible; mais, dans une contrée amie de la France, il y avait encore de la gloire à acquérir. Les patriotes italiens sur lesquels la révolution de juillet avait rejailli, levèrent l'étendard de l'indépendance. Napoléon-Louis vola à leur secours; mais hélas! à Rome, comme dans sa patrie, le prince dut s'enfuir pour échapper aux poursuites dont il était l'objet.

Napoléon-Louis était à Florence ainsi que son frère, lorsque l'insurrection de la Romagne éclata. Des caractères audacieux et entreprenants manquaient pour diriger le mouvement; aussi les chefs révoltés s'empressèrent-ils d'appeler les deux princes. Ils accoururent sans hésiter. Le jeune Napoléon, n'écoutant que son courage, organisa à la hâte quelques braves déterminés, et n'ayant qu'un seul canon pour toute artillérie, il s'empara de Civita Castellane. L'intrépidité du prince effraya le nouveau ministre de la guerre que l'on venait d'improviser, et on ordonna la suspension des attaques. Ce contre-temps l'affligea beaucoup et il revint à Bologne pour presser les préparatifs de défense. Les deux princes firent preuve d'un grand courage en chargeant avec vigueur un corps d'Autrichiens avec quelques cavaliers seulement et payèrent bravement de leur personne. Les insurgés forcés de plier devant les forces imposantes de l'Autriche, se refoulèrent sur Forli en criant : Vive la liberté! Vivent les Bonapartes!

Ce fut à cette époque que le prince Charles, son frère aîné, fut atteint d'une maladie mortelle à laquelle avaient beaucoup contribué les fatigues de la campagne. Il mourut dans les bras de son frère, qui fut attéré par cette perte aussi rapide qu'inattendue.

Ce jeune homme, du sang du prince Eugène et de l'Empereur, fils de la reine Hortence, est tombé sous la même fatalité qui décima la grande famille de Napoléon. L'estime et l'amitié de ces deux frères étaient poussées jusqu'à l'exaltation. Les mêmes sentiments les animaient : l'amour de la liberté ; leur piété fraternelle était sans égale.

Le courage cependant n'abandonna pas Louis-Napoléon, et malgré le chagrin qui l'accablait, il ne céda le terrain que sur les ordres réitérés des chefs de l'insurrection. Il fallut alors le soustraire aux vengeances de Rome et du cabinet de Vienne. Son excellente mère, effrayée des dangers que courait son dernier fils qui venait de tomber malade à Ancône, était venue se joindre à lui pour tâcher de le sauver. Son dévouement maternel et sa grande force d'âme lui suggérèrent de faire courir le bruit qu'il s'était réfugié en Grèce, et quoique son hôtel fût auprès de celui du commandant autrichien, elle parvint à dérober son malade aux yeux de la police. A l'aide d'un déguisement et munie d'un passeport anglais, elle parvint à traverser l'Italie et une partie de la France, malgré la proscription qui lui en interdisait l'entrée. Elle arriva à Paris et descendit rue de la Paix en face de la colonne d'Austerlitz au moment où M. Sébastiani annonçait qu'elle venait de débarquer à Naples (20 mars 1830).

Le prince était en proie à une fièvre brûlante et couvert de sangsues, et cependant le gouvernement ombrageux de Louis-Philippe vint lui intimer l'ordre de quitter Paris à l'instant même. Les prières d'une mère encore inquiète sur la vie de son fils ne purent toucher le cœur du roi, et les deux proscrits durent prendre de suite le chemin de Londres, malgré la lettre remarquable du prince à Louis-Philippe, dans laquelle il revendiquait son droit de citoyen français. Il ne reçut pour toute réponse que l'ordre impitoyable de quitter la France.

L'hospitalité et les honneurs que l'on offrit au prince à Londres, ne purent le toucher; il ne voulut rien accepter par respect pour la mémoire de son oncle ; et revint en Suisse au mois d'août 1831. Ce fut alors qu'il reçut une députation secrète de la Pologne qui lui proposait de le mettre à la tête de la nation. Voici un passage de la lettre des Polonais au prince :

« A qui la direction de notre entreprise pourrait-elle mieux être confiée qu'au neveu du plus grand capitaine de tous les siècles ? Un jeune Bonaparte apparaissant sur nos plages, le drapeau tricolore à la main, produirait un effet moral dont les suites sont incalculables. Allez donc, jeune héros, espoir de notre patrie, confiez à des flots qui reconnaîtront votre nom, la fortune de César, et ce qui vaut mieux, les destinées de la liberté. Vous aurez la reconnaissance de vos frères d'armes et l'admiration de l'univers.

18 août 1831.

Le général KNIAZEWIEZ,

Le comte PLATER, etc.

De hautes raisons politiques avaient déterminé Napoléon-Louis à refuser le commandement qui lui était offert; les malheurs l'avaient rendu défiant envers le cabinet des Tuileries. Il craignait que son nom ne portât ombrage au gouvernement français et que l'abandon de la Pologne s'en suivît; car, à cette époque, on croyait réellement à l'intervention de la France. Nous avons vu plus tard combien l'on s'était trompé.

En 1832, M. Louis Bonaparte n'avait encore que 24 ans, et déjà il était l'auteur d'un écrit assez sérieux pour que M. de Châteaubriand ne se bornât pas à le louer, mais en fit l'objet d'un échange de réflexions écrites, ainsi qu'on le voit par la lettre suivante que lui adressa l'illustre écrivain.

« Prince, j'ai lu avec attention la petite brochure que vous avez bien voulu me confier; j'ai mis par écrit, comme vous l'avez désiré, quelques réflexions naturellement nées des vôtres et que j'avais déjà soumises à votre jugement.

« Vous savez, prince, que mon jeune roi est en Ecosse, et que tant qu'il vivra il ne peut y avoir pour moi d'autre roi de France que lui. Mais si Dieu, dans ses impénétrables desseins, avait rejeté la race de saint Louis, si notre patrie devait revenir sur une élection qu'elle n'a pas sanctionnée, et si ses mœurs ne lui rendaient pas l'état républicain possible, alors, prince, il n'y a pas de nom qui aille mieux à la gloire de la France que le vôtre.

« Je garderai un profond souvenir de votre hospitalité et du gracieux accueil de madame la duchesse de Saint-Leu. Je vous prie de mettre à ses pieds l'hommage de ma reconnaissance et de mon respect.

» Je suis, avec une haute considération, prince, votre très-humble et très-obéissant serviteur.

» CHATEAUBRIAND. »

A la mort du roi de Rome, les inquiétudes de Louis-Philippe et de l'Autriche se tournèrent contre Louis-Napoléon ; ils n'avaient point oublié qu'il était inscrit le premier sur le grand livre de la dynastie impériale comme héritier direct du trône de l'empereur. Des agents vinrent s'établir auprès du château de la reine Hortense; mais la conduite du prin e déconcerta les intrigues qui se tramaient contre lui, et ne s'inquiétant nullement des espions qui l'entouraient, il se livra à des travaux scientifiques.

Sa générosité n'était jamais invoquée en vain, et lorsque de malheureux proscrits se présentaient à lui, ils ne s'en retournaient jamais sans être chargés de ses dons.

Les débuts littéraires du prince furent la publication d'une brochure intitulée : *Considérations politiques et militaires sur la Suisse.* Le talent de penseur et d'écrivain se révèle dans cette brochure qui fit beaucoup de bruit dans le monde diplomatique.

Ce fut alors que la Suisse lui décerna le titre *honorifique* de citoyen de la République suisse, *cette qualité n'entraîne pas la naturalisation.* Des personnages de distinction, entre autres le maréchal Ney et le prince de Metternich en ont été qualifiés.

En témoignage de son estime et de sa confiance, le gouvernement suisse le nomma capitaine d'artillerie au régiment de Berne; Il débuta donc dans la carrière militaire, comme son oncle, dans l'armé de l'artillerie, avec le grade de capitaine et au service d'une république; quel rapprochement !

Il publia encore en 1335 un autre ouvrage ayant pour titre : *Manuel d'artillerie pour la Suisse.* Il y trace le précis historique de l'art, qui a décidé si souvent du sort de l'Europe. Les journaux français et suisses en ont parlé comme d'une grande œuvre en regardant cet ouvrage comme le meilleur en ce genre.

Depuis la mort de Napoléon II, un grand nombre de personnages importants, indignés de la marche rétrograde que suivait le gouvernement de Louis-Philippe, avaient engagé le prince Louis à tenter quelque mouvement pour renverser ce roi parjure, et lui avaient offert leur concours; mais il avait toujours refusé d'ourdir une conspiration; son seul et unique plan, dont il n'avait donné connaissance à personne, consistait à avoir, dans tous les partis, des personnes qui le connussent bien et dans chaque régiment un ou plusieurs officiers dévoués à sa cause. Or, depuis 1835, cette organisation existait; elle était complète; il ne s'agissait plus que de choisir un moment favorable pour agir.

Au mois de juillet 1836, Louis Napoléon

se rendit à Bade ; là fut résolue l'expédition de Strasbourg, entreprise audacieuse, mais non pas insensée, ainsi que l'ont écrit à satiété certains publicistes à vue courte ; il s'en fallut de bien peu de chose qu'elle n'eût un plein succès, ainsi que le démontra plus tard M. Laity, un des conjurés, dans la relation qu'il en écrivit, et à laquelle nous en empruntons ces détails.

Parmi les officiers que le prince vit à Bade, un surtout réunissait toutes les conditions nécessaires à l'accomplissement de ses projets : c'était le colonel Vaudrey, du 4e régiment, commandant par intérim toute l'artillerie de Strasbourg. Cet officier lui parut devoir être le pilier du nouvel édifice qu'il voulait élever, et dès lors Strasbourg fut choisi dans son esprit pour être la ville qui devait la première saluer l'aigle nationale. Animé du patriotisme le plus pur et le plus désintéressé, le colonel Vaudrey, qui, bien jeune encore, commandait vingt-huit bouches à feu à la bataille de Waterloo, avait toujours confondu son amour pour la liberté avec son amour pour l'empereur Napoléon. Sa conduite franche, énergique, en 1830, lui avait valu l'estime des habitants de Strasbourg et de la garnison de cette ville. Le prince lui expliqua ses idées et ses projets.

« Une révolution, dit-il, n'est excusable, elle n'est légitime que lorsqu'elle se fait dans l'intérêt de la majorité d'une nation. Or, on est sûr que l'on agit dans ce sens lorsqu'on ne se sert que d'une influence morale pour la faire réussir. Si le gouvernement a commis assez de fautes pour rendre un révolution encore désirable au peuple, si la cause napoléonienne a laissé d'assez profonds souvenirs dans les cœurs français, il me suffira de me montrer seul aux soldats et au peuple, et de leur rappeler les griefs présents et la gloire passée, pour qu'on accoure sous mon drapeau... Mon but est de venir avec un drapeau populaire, le plus populaire, le plus glorieux de tous; de servir de point de ralliement à tout ce qu'il y a de généreux et de national dans tous les partis, de rendre à la France sa dignité sans guerre universelle, sa liberté sans licence, sa stabilité sans despotisme. Pour arriver à un tel résultat, que faut-il faire? Puiser entièrement dans les masses toute sa force et tous ses droits, car les masses appartiennent à la raison et à la justice. »

Le colonel Vaudrey approuva ces sentiments ; il dit au prince que depuis longtemps il devait savoir à quoi s'en tenir sur ses opinions, et que son concours lui était acquis.

Le plan de Louis-Napoléon consistait à se jeter inopinément dans une grande place de guerre, à y rallier le peuple et la garnison par le prestige de son nom, l'ascendant de son audace, et à se porter aussitôt à marches forcées sur Paris, avec toutes les forces disponibles, entraînant sur sa route troupes et gardes nationales, peuples des villes et des campagnes, etc. Strasbourg était bien la ville la plus favorable à l'exécution de ce projet ; tout dépendait du premier moment.

Un jour, Louis-Napoléon monte à cheval, traverse le Rhin, et vers la fin du jour il entre à Strasbourg. Dans une vaste chambre un ami du prince avait réuni vingt-cinq officiers de la garnison. Tout à coup on leur annonce que le prince Napoléon va se rendre au milieu d'eux, et presque au même instant : « Messieurs, s'écrie-t-il, c'est avec confiance que le neveu de l'Empereur se livre à votre honneur, il se présente à vous pour savoir de votre bouche vos sentiments et vos opinions; si l'armée se souvient de ses grandes destinées, si elle sent les misères de la patrie, alors je porte un nom qui peut vous servir; il est plébéien comme notre gloire passée ; il est glorieux comme le peuple. Aujourd'hui le grand homme n'existe plus ; mais la cause est la même ; l'aigle, cet emblême sacré, illustré par cent batailles, représente, comme en 1815, les droits du peuple méconnus et la gloire nationale. Messieurs, l'exil a accumulé sur moi bien des chagrins et des soucis ; mais comme ce n'est pas une ambition personnelle qui me fait agir, dites-moi si je me suis trompé sur les sentiments de l'armée, et s'il le faut, je me résignerai à vivre sur la terre étrangère, en attendant un meilleur avenir. » — « Non, vous ne languirez pas dans l'exil, lui répondirent les officiers ; c'est nous qui vous rendrons votre patrie : toutes nos sympathies vous sont acquises depuis longtemps ; nous sommes las, comme vous, de l'inaction où l'on nous laisse; nous sommes honteux du rôle que l'on fait jouer à l'armée. »

Le prince leur donna alors rendez-vous pour la première occasion favorable qui se présenterait, et il les quitta le cœur plein de confiance et d'espoir.

Le 28 octobre 1836, Louis-Napoléon entra de nouveau à Strasbourg vers dix heures du soir ; il y passa la nuit, dans la chambre d'un officier; il y réunit les personnes qui devaient jouer dans l'action les principaux rôles, et leur annonça que des avis qu'il avait reçus, il résultait que les habitants de presque toutes les villes frontières étaient disposés à se joindre au mouvement.

A dix heures du soir, le conseil se sépara; un rendez-vous fut assigné pour quatre heures du matin aux personnes qui en avaient fait partie, ainsi qu'aux officiers des différents régiments sur lesquels on pouvait compter le plus particulièrement. Le prince leur envoya un de ses aides-de-camp pour leur porter ses ordres. Dès la veille un appartement avait été retenu, pour servir de lieu de rassemblement aux officiers qui devaient suivre le prince, dans une maison particulière, située à deux cents pas du quartier d'Austerlitz: à onze heures le prince s'y rendit; tous les conjurés y arrivèrent successivement; le prince Napoléon leur fit part de ses moyens d'exécution, de tout ce que l'on aurait à faire dans la journée, et donna à chacun d'eux ses instructions; enfin il leur lut ses proclamations, qui excitèrent un enthousiasme général : on en fit quelques copies, pour servir dans les premiers moments, en attendant qu'elles fussent imprimées.

Cependant l'instant si désiré approchait : il était six heures ; il se fit un grand silence, et bientôt la trompette retentit au quartier d'Austerlitz ; le colonel Vaudrey faisait sonner l'assemblée. Peu à peu, au calme de la nuit succédèrent des bruits confus qui couvrirent bientôt les éclats de la trompette. Les soldats se levaient, prenaient leurs armes et descendaient précipitamment de leurs chambres, se questionnant mutuellement sur le but de cette prise d'armes. D'autres passaient dans les rues en courant pour aller chercher leurs chevaux qui étaient hors du quartier et revenaient au galop se rendre à leur poste. Cependant le tumulte s'apaisa; le colonel Vaudrey avait réuni tout son régiment, et l'avait fait mettre en carré dans la grande cour de la caserne ; soixante canonniers à cheval stationnaient auprès de la grille sur la grande place d'Austerlitz; tous prévoyant quelque chose d'extraordinaire, attendaient avec impatience l'explication de ce rassemblement inaccoutumé. C'est alors qu'on vint prévenir le prince : « Allons, Messieurs, s'écria-t-il, le moment est arrivé; nous allons voir si la France se souvient encore de vingt années de gloire... »

Il s'élance dans la rue, les officiers se pressent derrière lui ; il se retourne pour les contempler; l'un d'eux lui dit : « Allez, prince; la France vous suit. » Le trajet était court, il fut bientôt franchi. Le colonel était seul au centre du carré; le prince s'avance avec assurance au milieu des troupes, et marche droit vers lui. Le colonel met le sabre à la main, fait porter les armes, et d'une voix mâle et fière qui vibre dans tous les cœurs, il s'écrie : « Soldats du 4e d'artillerie, une grande révolution commence en ce moment sous les auspices du neveu de l'empereur Napoléon. Il est devant vous et vient se mettre à votre tête; il arrive sur le sol de la patrie pour rendre au peuple ses droits usurpés, à l'armée la gloire que son nom rappelle, à la France les libertés que l'on méconnaît. Il compte sur votre courage, votre dévouement et votre patriotisme pour accomplir cette grande et glorieuse mission. Soldats, votre colonel a répondu de vous; répétez-donc avec lui : Vive Napoléon! vive l'empereur! »

Ce cri fut répété par les soldats avec un enthousiasme impossible à rendre.

Le prince fit alors signe qu'il voulait parler; le silence se rétablit, et d'une voix forte et accentuée : « Soldats, leur dit-il, appelé en France par une députation des villes et garnisons de l'est, et résolu à vaincre ou à mourir pour la gloire et la liberté du peuple français, c'est à vous les premiers que j'ai voulu me présenter, parce qu'entre vous et moi il existe de grands souvenirs; c'est dans votre régiment que l'empereur Napoléon, mon oncle, servit comme capitaine; c'est avec vous qu'il s'est illustré au siége de Toulon, et c'est encore votre brave régiment qui lui ouvrit les portes de Grenoble au retour de l'île d'Elbe.

« Soldats, de nouvelles destinées vous sont réservées ; à vous la gloire de commencer une grande entreprise, à vous l'honneur de saluer les premiers l'aigle d'Austerlitz et de Wagram. »

Ici le prince saisit l'aigle que portait l'un de ses officiers, et, la présentant à tous les regards : « Soldats, ajouta-t-il, voici le symbole de la gloire française, destiné désormais à devenir aussi l'emblême de la liberté. Pendant quinze ans, il a conduit nos pères à la victoire, il a brillé sur tous les champs de bataille, il a traversé toutes les capitales de l'Europe. Soldats ! ralliez-vous à ce noble étendard; je le confie à votre honneur, à votre courage. Marchons ensemble contre les traîtres et les oppresseurs de la patrie aux cris de : Vive la France ! Vive la liberté ! »

A peine a-t-il prononcé ces paroles que tout le régiment est ébranlé par un mouvement électrique. Les sabres s'agitent en l'air ; les schakos au bout des mousquetons et les cris mille fois répétés de : Vive l'empereur ! Vive Napoléon ! expriment la simpathie et l'enthousiasme de ces braves. Le prince, ému par l'unanimité de cette démonstration touchante, et voyant à leur place de bataille les officiers qui n'avaient pas été prévenus, partager aussi l'enthousiasme général, se dirigea vers eux et leur témoigna toute la joie qu'il éprouvait de cet accord si unanime ; on se mit ensuite en marche : les officiers se rendirent à leur poste d'après les ordres qu'ils avaient reçus ; l'un alla avec un peloton à l'imprimerie pour faire publier les proclamations, un autre à la direction du télégraphe, un troisième chez le préfet. Les officiers du 3e d'artillerie et du bataillon de pontonniers coururent à leurs casernes pour rassembler leurs hommes, leur annoncer la nouvelle et les emmener au quartier-général de la division. Un officier fut aussi expédié au 46e de ligne, pour annoncer à ce corps le mouvement qui s'opérait. La grande colonne, ayant à sa tête le prince, les colonels Vaudrey et Parquin et une dizaine d'officiers, s'achemina directement vers le quartier-général.

Pour y parvenir, il fallait traverser une grande partie de la ville. Quoiqu'il fût trop matin pour rencontrer beaucoup de monde, cependant les habitants, attirés par le bruit, se réunirent en foule au cortége et mêlèrent leurs acclamations à celles des soldats. *Vive Napoléon! Vive l'Empereur! Vive la liberté*, étaient les cris qui se faisaient entendre. Le prince voyait avec bonheur qu'il ne s'était pas plus trompé sur les sentiments du peuple que sur ceux de l'armée; tout le monde partageait la même ivresse. En passant devant la gendarmerie, le poste se mit sous les armes et cria : *Vive l'Empereur!* Il en fut de même au quartier-général : la garde présenta les armes, et les domestiques du général Voirol, ouvrant la porte à deux battants, criaient plus fort que les autres.

La colonne fit halte dans la cour et dans la rue. Le prince, suivi de ses officiers, monta chez le général Voirol, qui n'avait pas eu le temps de s'habiller. Plein d'enthousiasme pour la mémoire de l'empereur, ce général avait toujours montré un vif intérêt pour le neveu de son premier souverain. Tout portait à croire que la présence du prince réveillerait en lui ses anciennes sympathies; mais le prince, après avoir réclamé de lui son concours, vit avec étonnement qu'il ne fallait pas y compter; il donna alors au colonel Parquin l'ordre de l'arrêter et de le garder à vue dans son hôtel. A en juger par la conduite du général Voirol après cette malheureuse journée, par les visites qu'il a faites au prince dans sa prison, par les larmes qu'il a versées sur le sort du neveu de Napoléon, il se passa un terrible combat dans son âme.

Cependant on se mit en marche pour la caserne Finckmatt; quoiqu'on eût échoué auprès du général, ce contre-temps n'avait pas refroidi l'enthousiasme; le peuple était rassemblé dans la rue en plus grand nombre et mêlait ses acclamations à celles des régiments d'artillerie. Le poste d'infanterie marchait en tête, et tout présageait encore un heureux succès. On était arrivé dans le faubourg de Pierre; mais, par une circonstance déplorable, la tête de la colonne, au milieu du tumulte, n'avait pas suivi la direction convenue, et au lieu de se rendre sur le rempart, entrait par la ruelle qui conduisait à la caserne. Pour protéger la retraite, le prince fut obligé de laisser la moitié du régiment en bataille dans la grand'rue, et il entra dans la cour, suivi des officiers et de quatre cents hommes environ. Il espérait déjà trouver le régiment réuni; mais l'officier qui avait dû porter la nouvelle, n'avait pu arriver à temps; les soldats étaient tous dans leurs chambres, occupés à se préparer pour l'inspection du dimanche. Attirés par le bruit, ils se mettent aux fenêtres; le prince les harangue ; en entendant prononcer le nom de l'empereur ils descendent, entourent le prince et témoignent le plus vif enthousiasme pour le neveu de Napoléon, et les cris de : *Vive Napoléon! Vive l'Empereur!* retentissent dans le quartier Finckmatt, comme ils avaient retenti dans le quartier d'Austerlitz.

Pendant ce temps, que faisaient les autres officiers? le lieutenant Laity, arrivé au quartier de pontonniers avait annoncé l'événement à ses soldats; il les avait enlevés aux cris de *Vive l'Empereur!* et se dirigeait à leur tête vers le quartier-général. Les officiers Dupenhoet et Gros, malgré l'opposition qu'ils trouvèrent de la part d'un adjudant-major, n'en réussirent pas moins à rassembler leurs compagnies. Le lieutenant de Schalles s'était emparé du général de brigade et du colonel du 3e d'artillerie. M. de Persigny avait arrêté le préfet, et l'avait conduit au quartier d'Austerlitz, malgré l'opposition de plusieurs officiers d'état-major, qui voulurent entraver sa marche. L'officier chargé de faire imprimer les proclamations, M. Lombard, en avait déjà fait tirer plusieurs centaines de copies ; le lieutenant Pétri s'emparait du télégraphe ; le brave colonel Parquin était resté chez le général de division, avec une douzaine de canonniers. Le général vint se jeter au milieu d'eux, avec ses aides-de-camp, en leur criant : « Arrêtez cet officier, c'est un traître ! — A moi, canonniers ! *Vive l'Empereur* ! lui répond le colonel ; » et les canonniers se précipitent sur le général, qui n'a que le temps de se retirer dans sa chambre, d'où il s'échappa plus tard par une porte dérobée. Enfin les officiers Poggi et Couard faisaient prendre les armes au 3e d'artillerie, qui se mettait en marche vers le quartier-général, ayant à sa tête un grand nombre d'officiers.

A la caserne Finckmatt, le prince et ses officiers avaient déjà formé plusieurs compagnies d'infanterie; les deux armes sont mêlées; encore un moment, le bataillon de pontonniers et le 3e d'artillerie vont se joindre au prince. Mais, tout à coup, à une extrémité de la cour un orage se forme et se grossit rapidement, sans qu'on puisse s'en apercevoir à l'autre extrémité. Le colonel Taillandier venait d'arriver et sa surprise est si grande quand on lui dit que le neveu de l'Empereur est là avec le 4e, qu'il préfère supposer une ambition vulgaire de la part du colonel Vaudrey que de croire à la résurrection d'une grande cause. « Soldats ! s'écrie-t-il, on vous trompe ! l'homme qui excite votre enthousiasme ne peut être qu'un aventurier, qu'un imposteur. » Un officier d'état-major s'écrie en même temps : « Ce n'est pas le neveu de l'empereur ; c'est le neveu du général Vaudrey ; je le reconnais. »

Un grand nombre de soldats se croyant dupes d'une indigne supercherie, deviennent furieux. Le colonel Taillandier les rassemble, fait fermer la grille et battre la charge, tandis que de l'autre côté les officiers du prince font battre la charge pour accélérer le rassemblement des soldats qui ont embrassé sa cause. L'espace est tellement rétréci, que les régiments sont pour ainsi dire confondus ensemble. La mêlée augmente de moment en moment : les officiers de la même cause ne se reconnaissent plus, puisqu'ils portent tous le même uniforme. Les canonniers arrêtent des officiers d'infanterie ; l'infanterie à son tour s'empare de quelques officiers d'artillerie ; les mousquetons sont chargés ; les baïonnettes, les sabres étincellent, mais aucun coup n'est porté, on craint de frapper un ami ; cependant un mot du prince ou du colonel, et un véritable massacre va commencer. Plusieurs officiers, et entre autres MM. de Querelles et de Grigour, viennent offrir au prince de lui ouvrir un passage à travers l'infanterie ; mais il refuse de faire verser pour lui seul le sang français. Il ne peut croire, d'ailleurs, que le 46e, qui, un moment auparavant, lui montrait tant de sympathie, ait si promptement changé de sentiment. Il se jette au milieu de l'infanterie pour tâcher de la ramener, mais il est entouré d'un triple rang de baïonnettes et obligé de tirer son sabre ; il allait périr par des mains françaises, si des canonniers, voyant son danger, ne l'avaient enlevé et placé dans leurs rangs. Malheureusement ce mouvement le sépare de ses officiers et le reporte vers l'extrémité de la cour, au milieu des soldats qui méconnaissent son identité. Le prince, alors, s'élance vers le piquet de cavalerie pour s'emparer d'un cheval et pouvoir dominer la mêlée ; mais les artilleurs sont repoussés, et les chevaux le repoussent contre le mur. L'infanterie profite de ce moment pour se jeter sur lui et l'emmener prisonnier ; ses officiers, qui ne peuvent plus rien pour sa défense, subissent successivement le même sort.

Cependant, inquiets d'être si longtemps séparés du prince et de leur colonel, les artilleurs qu'on avait laissés dans la rue commençaient à concevoir des craintes, lorsque le bruit se répand qu'ils courent des dangers ; à l'instant ils se précipitent vers la grille en poussant des cris de fureur contre l'infanterie qu'ils refoulent aux deux extrémités de la cour. Le peuple, rassemblé en grand nombre sur le rempart, jette des pierres au 46e, et fait retentir les airs des cris de *Vive l'Empereur* !

Le colonel Vaudrey seul restait libre, entouré de nombreux artilleurs dont le dévouement à sa personne était sans bornes. La résistance lui était facile : s'il n'eût songé qu'à lui, qu'à sa propre sûreté, il se serait fait jour le sabre à la main, soutenu par le courage de ses soldats ; mais il comprit que, s'il engageait la lutte, les jours du prince étaient compromis; il offrit donc de se rendre, et, usant une dernière fois de son autorité sur ses soldats, il leur ordonna de rentrer à leur caserne, et suivit le colonel Tallandier, qui le conduisit dans une chambre d'officier.

Pendant ce temps, le colonel Parquin accourait à la caserne Finckmatt : quand il vit ce qui se passait, décidé à mourir plutôt que d'abandonner le prince, il n'hésita pas à se jeter au milieu des soldats furieux.

Le lieutenant Laity était arrivé au quartier-général avec ses pontonniers; mais la nouvelle de l'échec de la Finckmatt les arrêta tout à coup; alors cet officier les congédia, et se rendit de sa personne au quartier d'infanterie, ne songeant qu'à partager le sort du prince.

Lorsque M. de Persigny eut terminé sa mission, il apprit tout à la fois l'événement du quartier Finckmatt, et la désorganisation des deux autres corps d'artillerie; il arriva sur le rempart, où le peuple faisait entendre encore le cri de *Vive Napoléon!* mais le prince était déjà prisonnier avec le colonel et ses officiers. Le peuple, sans armes, désespéré de son impuissance, lançait des pierres contre l'infanterie, qui parvint à dissiper la foule en tirant des coups de fusil. Quel spectacle affligeant présentait en ce moment le quartier! deux régiments français étaient près de s'égorger. Le 4e d'artillerie formait une longue ligne acculée au rempart, les chevaux mêlés çà et là dans les rangs. L'infanterie était en face, les baïonnettes à deux pieds de la poitrine des artilleurs, mais ces derniers avaient chargé leurs mousquetons, et se tenaient prêts à faire feu. Les deux partis se regardaient avec fureur. « *Vive l'Empereur! vive le neveu de Napoléon!* » criait l'artillerie. « Ce n'est pas vrai; ce n'est pas lui, » répondait l'infanterie. Cependant on parvint à calmer les soldats, et la grille s'ouvrit pour donner passage à l'artillerie.

MM. de Persigny et Laity coururent aux canonniers et voulurent les entraîner vers leurs pièces, pour revenir délivrer les prisonniers et venger leur défaite : cet espoir ranima tous les courages, et l'on se précipita dans la direction des parcs d'artillerie : mais les munitions étaient à l'arsenal, et le colonel, prisonnier maintenant, avait seul le pouvoir de s'en faire délivrer : il fallut renoncer à cette dernière espérance ; d'ailleurs, les chefs une fois pris, il n'y avait plus d'obéissance possible. Aussi l'autorité royale reprit-elle facilement le pouvoir.

La fatalité avait prononcé. Le prince fut conduit en prison, il se montra calme et résigné. Huit jours s'écoulèrent pendant lesquels on le tint au secret le plus absolu. Dans la soirée du 9 novembre, on le fait monter en voiture entre deux officiers de gendarmerie et amener à Paris, puis de là conduire à Lorient et embarquer à bord de la frégate l'*Andromède* qui le transporta à New-York. Tous ses compagnons de captivité comparurent devant la cour d'assises de Strasbourg ; mais le jury s'indigna qu'on voulût sacrifier ces hommes alors qu'on refusait de donner des juges à celui qui les avait entraînés, et ils furent tous acquittés.

Après avoir passé quelque temps à New-York, le prince Louis se disposait à parcourir les États-Unis, lorsqu'une lettre d'Europe lui apprit que sa mère, si tendre, si dévouée, était atteinte d'une maladie que l'on croyait mortelle. Aucune puissance dès-lors n'eût pu le retenir : il s'embarqua, revint en Suisse, au château d'Arenenberg, où il eut la douleur de recevoir le dernier soupir de cette mère bien-aimée.

En apprenant le retour du prince en

Suisse, le gouvernement peureux de Louis-Philippe se reprit à trembler, et M. le duc de Montebello, alors ambassadeur près de la république, helvétique eut ordre d'insister vivement auprès des autorités et d'employer au besoin le menace, pour que Louis-Napoléon fût chassé du territoire hospitalier où il avait trouvé asile. Le gouvernement fédéral résista aux injonctions de l'ambassadeur ; mais le prince, ne voulant pas causer d'embarras à ce brave peuple, quitta la Suisse, traversa l'Allemagne, puis il s'embarqua et se retira en Angleterre, à Londres, où il écrivit le livre si remarquable, ayant pour titre : *Idées Napoléoniennes*, et où il fonda le journal le *Capitole*.

Cependant Louis-Napoléon n'avait pas renoncé à se faire le libérateur de la France ; sans cesse entouré de Français de distinction, d'officiers de haute capacité partageant ses opinions et prêts à le seconder en toutes circonstances, ayant d'ailleurs des communications fréquentes avec ses nombreux amis de France, il résolut de faire une nouvelle tentative ; il en dressa le plan, le mûrit, l'élabora longuement, puis il en confia les détails à ses amis les plus dévoués, parmi lesquels étaient le général Montholon, le colonel Parquin, le colonel Voisin, les officiers Lombard, Mésonan, Aladenize et plusieurs autres.

L'expédition fut résolue ; le lieu du débarquement étant choisi, tout ce qu'il faudrait faire ensuite fut soigneusement prévu dans des ordres de service écrits de la main du colonel Voisin.

Des armes avaient été réunies. On avait fait confectionner en Angleterre des uniformes d'officiers-généraux, et on avait acheté en France des habits de soldats. Les boutons seuls manquaient : la fabrique de Londres en avaient fourni sur lesquels était le n° 40. C'était le numéro d'un régiment qui tenait garnison dans le voisinage du port de débarquement.

Enfin, dans la supposition que la troupe attaquante prendrait possession de Boulogne, des lieux environnants, et presque de la France entière sans coup férir, tout avait été disposé pour organiser immédiatement les régiments, la population, la force armée et le gouvernement lui-même. Des ordres en blanc, écrits à la main, désignaient ceux qui devaient être chargés de recevoir les objets indispensables à l'armée, tels que chevaux, selles, brides, etc.; d'autres concernaient le commandement des troupes; d'autres leur recrutement, d'autres enfin des mesures de précaution.

Il ne restait plus qu'à s'embarquer et à faire voile vers la France. Tout était prêt le 5 août 1840. Un bateau à vapeur, le *Château-d'Édimbourg*, avait été loué à la compagnie commerciale de Londres.

Dès le 3, tous les bagages avaient été chargés sur le bateau. Deux voitures et neuf chevaux en faisaient partie. Les hommes qui devaient composer l'escorte du prince avaient été divisés par petits pelotons et embusqués en des lieux divers, afin de ne pas trop attirer l'attention. Les uns sont partis de Londres, les autres de Gravesend, où se trouva un pilote français destiné à diriger le bâtiment lorsqu'il approcherait des côtes. Les derniers embarqués furent pris à Margate : c'est de là que l'expédition se dirigea sur Wimereux, à sept kilomètres environ de Boulogne, le mercredi 5 août. Comme les conjurés ne voulaient pas arriver de jour, le bâtiment louvoya très-longtemps; des témoins ont déclaré l'avoir aperçu de Boulogne dès la veille.

Mais le temps ne fut pas perdu sur le bâtiment : on l'employa à faire apporter et à revêtir les uniformes, chacun suivant son grade; à distribuer les armes, à lire les proclamations, les ordonnances et arrêtés.

Le matin du 6 août, vers les deux heures, le débarquement commença. La côte de Wimereux ne permettait pas au bateau d'approcher de terre, il fallut se servir du canot. Les hommes n'arrivèrent que par escouades, et les premiers faillirent être victimes de leur empressement. Si un poste de douaniers qui accourut ne s'était pas laissé tromper par l'uniforme, le numéro des boutons et le récit d'un événement de mer qui forçait les conjurés à prendre terre, ils pouvaient devenir prisonniers; mais, après le débarquement de toute la troupe, ce furent les donaniers qui durent à leur tour céder à la force.

La troupe, conduite par Louis Bonaparte, se range autour du drapeau tricolore, surmonté d'une aigle, et rappelant par des inscriptions les grandes victoires de l'empereur. C'était Lombard qui le portait. Elle se met en marche et arrive sans nouvel incident dans la ville de Boulogne, rue d'Alton, où se trouvait un poste du 52e. Trompé par les épaulettes et l'uuiforme, ce poste avait pris les armes. Le commandant Parquin se détache et lui propose de suivre le mouvement. Son chef, le sergent Morange, lui repond sans hésiter qu'il ne marchera que sur un ordre du commandant de la place.

Les conjurés passent outre. C'est à la caserne qu'ils croient triompher. Ils y arrivent à cinq heures du matin. Le lieutenant Aladenize les y avait précédés. Déjà il faisait battre le rappel. Les soldats prenaient les armes et se rangeaient en bataille, surpris par les cris de *Vive l'Empereur*. « A Paris! leur crie-t-on, à Paris! » Des proclamations imprimées leur sont jetées; le prince se fait reconnaître; il prodigue les promesses, les avancements , les récompenses ; tous les sergents sont nommés capitaines, tous les soldats sont décorés.

Le lieutenant Ragon seul demeurait à la caserne. Il avait couru au plus vite chez le capitaine Col-Puygellier. Le sous-lieutenant de Maussion venait de rencontrer les conjurés, et avait refusé de les suivre malgré l'insistance du prince lui-même. Le capitaine se présente enfin à la caserne. Un grenadier, portant le numéro du 40e, veut l'arrêter, il l'écarte en disant que ce n'est pas le 40e qui fait la police.

Un homme portant l'uniforme et les insignes de chef de bataillon va droit à lui et s'écrie : « Capitaine, le prince Louis est ici ; soyez des nôtres. » Le capitaine lui répond en mettant le sabre à la main et manifestant vivement, par ses gestes et par ses paroles, la résolution d'arriver à sa troupe. Il est saisi de toutes parts : plusieurs personnes s'emparent de son bras armé ; il pousse et résiste de tous côtés pour se débarrasser des obstacles et arriver à ses soldats. Avant d'y parvenir et tout en continuant ses efforts, il essaie d'éclairer les conjurés eux-mêmes.

Cette bruyante et vive altercation attire enfin l'attention des deux compagnies du 42ᵉ. Les sous-officiers accourent à la voix de leur chef ; ils l'aident à se dégager des mains des conjurés qui font un mouvement en arrière, mais qui rentrent bientôt à rangs serrés, Louis Bonaparte en tête. M. le capitaine Puygellier se porte vivement à sa rencontre, lui signifie de se retirer, ajoute qu'il va employer la force, et, pour toute réponse, lorsqu'il est tourné vers sa troupe, il entend la détonation d'un pistolet que Louis Bonaparte tenait à la main et dont la balle va frapper un de ses grenadiers à la figure.

Soit que les conjurés aient été alors bien convaincus de la ferme résolution du capitaine d'employer la force dont il disposait, soit que le coup de pistolet attribué d'abord au hasard, à un accident, à un mouvement involontaire, plutôt qu'à la préméditation, eût changé leurs dispositions, ce coup de feu devint le signal de leur retraite de la caserne. Ils l'effectuèrent en ordre, sans être poursuivis, mais sans renoncer encore à leur projet.

C'est vers la haute ville que marchent les conjurés, semant des proclamations aux cris de *Vive l'Empereur* ! Louis Bonaparte veut s'emparer du château et y prendre des armes pour les distribuer à la population. Le sous-préfet, prévenu à temps, marche à leur rencontre, et, au nom du roi, leur intime l'ordre de se séparer. Lombard lui répond par un coup de l'aigle qui surmontait le drapeau.

Ils continuent leur marche un instant interrompue, vers la haute ville. Les portes en avaient été fermées par les ordres du sous-préfet et du commandant de place. Les conjurés essaient de les enfoncer. Deux haches sont inutilement dirigées contre cette clôture. Il faut renoncer à cette autre partie du plan, et il ne reste plus aux conjurés qu'à fuir, qu'à regagner leur embarcation ; mais soit qu'ils gardent encore quelque espérance d'entraîner la population, soit qu'ils cherchent une mort que ce lieu aurait la puissance d'ennoblir, ils marchent à la colonne élevée sur le rivage à la gloire de la grande armée.

La distance est parcourue sans obstacle. Arrivés au pied de la colonne, les conjurés veulent constater leur prise de possession par la plantation du drapeau sur le sommet. Celui qui le porte, Lombard, pénètre dans l'intérieur et se met en devoir d'en gravir les degrés ; les autres font des dispositions pour se défendre contre la force publique, qu'ils voient arriver de toutes parts.

Bientôt tout espoir de succès est anéanti ; les officiers, les soldats de l'expédition entourent Louis-Napoléon et le supplient d'ordonner la retraite ; il s'y refuse : « J'ai juré, s'écrie-t-il, de mourir sur la terre de France ; l'heure est venue de tenir mon serment... Partez ! mais laissez-moi. » On le saisit, on l'entraîne malgré lui vers le rivage ; on le jette dans un canot où le suivent le colonel Voisin, Faure, Mésonan, Persigny et d'Hunin. Les autres conjurés se jettent à la mer, espérant pouvoir gagner à la nage le bateau à vapeur qui croise à un quart de lieue. Mais déjà la garde nationale s'est réunie, des cartouches lui ont été distribuées, elle arrive sur le bord de la mer et commence un feu terrible ; Faure tombe mortellement frappé ; le colonel Voisin, frappé de deux balles, tombe presque au même instant ; cette double chute fait chavirer le canot et tous ceux qui le montent sont précipités à la mer. Deux balles ont percé les habits du prince Louis, une troisième l'a blessé au bras; doué d'une grande force physique il se dirige en nageant vers le paquebot qui l'a apporté, après avoir vainement tenté de sauver l'infortuné d'Hunin qui se noya sous ses yeux. Mais déjà le commandant du port avait été dépêché pour se saisir du vapeur *le Château-d'Edimbourg ;* chemin faisant il retira de l'eau tous les conjurés qui avaient survécu : le nombre des prisonniers s'éleva à cinquante-sept. Enfermés d'abord dans la citadelle de Boulogne, on les tranféra ensuite au fort de Ham, puis ils furent amenés à Paris pour y être traduits devant la Chambre des pairs constituée en cour de justice.

Les débats s'ouvrirent le 28 septembre 1840. A l'ouverture de la séance, et après quelques formalités préliminaires Louis-Napoléon demande la parole, qui lui est accordée :

« Pour la première fois de ma vie, dit-il, il m'est enfin permis d'élever la voix en France et de parler librement à des Français.

« Malgré les gardes qui m'entourent, malgré les accusations que je viens d'entendre, plein des souvenirs de ma première enfance, en me trouvant dans ces murs du sénat, au milieu de vous que je connais, Messieurs, je ne peux croire que j'aie ici l'espoir de me justifier, ni que vous puissiez être mes juges. Une occasion solennelle m'est offerte d'expliquer à mes concitoyens ma conduite, mes intentions, mes projets, ce que je pense, ce que je veux.

« Sans orgueil comme sans faiblesse, si je rappelle les droits déposés par la nation dans les mains de ma famille, c'est uniquement pour expliquer les devoirs que ces droits nous ont imposés à tous.

« Depuis cinquante ans que ce principe de la souveraineté du peuple a été consacré en France par la plus puissante révolution qui se soit faite dans le monde, jamais la volonté nationale n'a été proclamée aussi solennellement, n'a été constatée par des suffrages aussi nombreux et aussi libres que pour l'adoption des constitutions de l'empire.

« La nation n'a jamais révoqué ce grand acte de sa souveraineté, et l'empereur l'a dit : « Tout ce qui a été fait sans elle est illégitime. »

« Aussi gardez-vous de croire que me laissant aller aux mouvements d'une ambition personnelle, j'aie voulu tenter en France, malgré le pays, une restauration impériale. J'ai été formé par de plus hautes leçons, et j'ai vécu sous de plus nobles exemples.

« Je suis né d'un père qui descendit du trône sans regret le jour où il ne jugea plus possible de concilier avec les intérêts de la France les intérêts du peuple qu'il avait été appelé à gouverner.

« L'empereur, mon oncle, aima mieux abdiquer l'empire que d'accepter par des traités les frontières restreintes qui devaient exposer la France à subir les dédains et les menaces que l'étranger se permet aujourd'hui. Je n'ai pas respiré un jour dans l'oubli de tels enseignements. La proscription imméritée et cruelle qui, pendant vingt-cinq ans, a traîné ma vie des marches du trône sur lesquelles je suis né jusqu'à la prison d'où je sors en ce moment, a été impuissante à irriter comme à fatiguer mon cœur; elle n'a pu me rendre étranger un seul jour à la dignité, à la gloire, aux droits, aux intérêts de la France. Ma conduite, mes convictions s'expliquent.

« Lorsqu'en 1830, le peuple a reconquis

la souveraineté, j'avais cru que le lendemain de la conquête serait loyal comme la conquête elle même, et que les destinées de la France étaient à jamais fixées ; mais le pays a fait la triste expérience des dix dernières années. J'ai pensé que le vote de quatre millions de citoyens qui avait élevé ma famille nous imposait au moins le devoir de faire appel à la nation, et d'interroger sa volonté ; j'ai cru même que, si au sein du congrès national que je voulais convoquer, quelques prétentions pouvaient se faire entendre, j'aurais le droit d'y réveiller les souvenirs éclatants de l'empire, d'y parler du frère aîné de l'empereur, de cet homme vertueux qui, avant moi, en est le digne héritier, et de placer en face de la France aujourd'hui affaiblie, passée sous silence dans le congrès des rois, la France d'alors, si forte au-dedans, au-dehors si puissante et si respectée. La nation eût répondu : République ou monarchie, empire ou royauté. De sa libre décision dépend la fin de nos maux, le terme de nos discussions.

« Quant à mon entreprise, je le répète, je n'ai point eu de complice. Seul j'ai tout résolu : personne n'a connu à l'avance ni mes projets, ni mes ressources, ni mes espérances. Si je suis coupable envers quelqu'un, c'est envers mes amis seuls. Toutefois, qu'ils ne m'accusent pas d'avoir abusé légèrement de courages et de dévouements comme les leurs. Ils comprendront les motifs d'honneur et de prudence qui ne me permettent pas de révéler à eux-mêmes combien étaient étendues et puissantes mes raisons d'espérer un succès.

« Un dernier mot, Messieurs. Je représente devant vous un principe, une cause, une défaite. Le principe, c'est la souveraineté du peuple, la cause, celle de l'empire, la défaite, Waterloo. Le principe, vous l'avez reconnu, la cause, vous l'avez servie, la défaite, vous avez voulu la venger. Non, il n'y a pas eu désaccord entre vous et moi, et je ne veux pas croire que je puisse être dévoué à porter la peine des défections d'autrui.

« Représentant d'une cause politique, je ne puis accepter comme juge de mes volontés et de mes actes une juridiction politique. Vos formes n'abusent personne. Dans la lutte qui s'ouvre, il n'y a qu'un vainqueur et un vaincu. Si vous êtes les hommes du vainqueur, je n'ai pas de justice à attendre de vous, et je ne veux pas de générosité. »

— Accusé, dit le président, je ne crois pas que l'exposé que vous venez de faire soit favorable à votre cause.

LOUIS-NAPOLÉON : Je n'ai pas autre chose à dire.

LE PRÉSIDENT. C'est l'usage que tout accusé soit interrogé publiquement ; je vais donc vous adresser des questions auxquelles vous répondrez ou ne répondrez pas, selon que vous le jugerez convenable. Et d'abord n'avez-vous pas trouvé à votre débarquement, sur le rivage, Aladenize, Bâtaille et Forestier? — R. J'ai l'honneur de vous répéter que je m'en réfère à mes premiers interrogatoires.

D. N'avez-vous pas forcé les douaniers à vous suivre? — R. Non, Monsieur.

D. N'avez-vous pas tenté d'enlever un poste de quatre hommes, commandé par un sergent? — R. Oui, Monsieur.

D. Ne vous êtes-vous pas rendu à la caserne du 42e? — Oui, Monsieur.

D. Que s'est-il passé alors? — R. Je l'ai dit précédemment.

D. N'avez-vous pas dit au capitaine Col-Puygellier : Soyez des nôtres, je vous donnerai tout ce que vous voudrez? — R. Non, Monsieur.

D. Voyant que le capitaine ne voulait pas vous écouter, n'avez-vous pas tiré sur lui, à bout portant, un coup de pistolet qui a blessé un soldat derrière lui? — R. Il y a des actions dont on ne peut se rendre cómpte. Au milieu du tumulte j'ai mis le pistolet à la main et le coup est parti sans ma volonté.

D. N'avez-vous pas fait répandre sur votre passage, dans la ville de Boulogne, des proclamations et de l'argent? — R. Des proclamations, oui; de l'argent, non.

D. N'êtes-vous pas monté à la haute ville où vous avez rencontré le sous-préfet qui a été frappé avec le drapeau par Lombard? — R. Oui, Monsieur.

D. Le drapeau n'a-t-il pas ensuite été arboré sur la colonne? — R. C'était là qu'était le rendez-vous.

D. Quand avez-vous conçu la résolution de votre entreprise? — R. Quand j'ai vu qu'après dix ans le gouvernement n'avait rien établi.

D. A quelle époque êtes-vous revenu d'Amérique ? — R. En 1837.

D. N'est-ce pas alors que vous avez renoué des intrigues avec vos partisans ? — R. Non, Monsieur.

D. Cependant c'est à cette époque que vous avez engagé une correspondance avec Mésonan ? — L'accusé ne répond pas.

D. N'avez-vous pas pris une grande part à la rédaction de la brochure Laity, qui avait pour but de justifier l'attentat de Strasbourg ? — R. Je l'ai du moins autorisée, afin de me défendre contre les calomnies des organes du gouvernement.

D. A la fin de 1830, n'avez-vous pas envoyé en France des émissaires pour vous recruter des partisans dans les garnisons ? — R. Non, Monsieur.

D. Lombard, Mésonan et Parquin n'ont-ils pas fait des tentatives de cette nature ? — R. Je l'ignore.

D. N'est-ce pas de votre part que Mésonan s'est présenté chez le général Magnan pour lui faire des propositions? — R. Je ne veux pas changer mon rôle d'accusé en celui d'accusateur.

D. N'avez-vous pas connu Aladenize à Bade? — R. Je l'ai vu une fois.

D. Parmi cinquante ou soixante personnes qui étaient sur le paquebot, il s'en trouvait un grand nombre dans un état de domesticité; n'avaient-ils pas été recrutés par vos ordres? — R. J'ai déjà répondu.

D. Comment vous étiez-vous procuré les habits d'officiers? — R. Plusieurs de ces Messieurs avaient leurs uniformes.

D. Est-ce vous qui avez fait imprimer les proclamations et les pièces qui ont été saisies, et que je vous fais représenter; les reconnaissez-vous? — R. Oui.

D. Ces pièces portent les signatures du général Montholon, du colonel Voisin, et de plusieurs autres de vos co-accusés; est-ce de leur consentement que ces signatures ont été apposées? — R. Non, Monsieur, c'est à leur insu.

D. N'avez-vous pas employé les noms de hauts fonctionnaires, de membres de la chambre des pairs et de la chambre des députés, et ne leur avez-vous pas attribué des fonctions qu'ils n'avaient pas acceptées? — R. Je croyais que les noms de personnes éminentes par leur talent et par leur caractère seraient un gage de mes sentiments envers le pays et de mon devouement à ses intérêts ; c'est dans cette pensée que je voulais m'entourer d'abord de personnes occupant des positions élevées, bien que leurs opinions politiques ne fussent pas conformes aux miennes.

D. Ainsi, en poursuivant vos projets, vous annuliez le gouvernement, la charte de 1830 et tout ce qui existe? — R. Je vous ai déjà répondu : je n'invoquais, pour faire prévaloir ma cause, que le principe de la souveraineté du peuple. Il n'y a rien de plus dans mes proclamations.

D. La cour jugera si vos actes ne sont pas en contradiction avec vos paroles. — R. Mon but immédiat était la convocation d'un congrès national.

D. Mais où aviez-vous puisé ce droit de convoquer un congrès national? — R. Cela ne pouvait avoir lieu sans une révolution.

D. M. le général Montholon, M. le colonel Voisin et d'autres de vos co-accusés n'étaient-ils pas instruits de vos projets? — R. Non, Monsieur.

D. Cela n'est pas croyable. Ne vous rappelez-vous pas à qui vous les aviez confiés au moment de votre départ? — R. Je n'ai rien à répondre.

D. Vous aviez avec vous des sommes d'argent considérables; à combien s'élevaient-elles? — R. Vous le savez aussi bien que moi.

Ici l'accusé déclare que sa condescendance n'ira pas plus loin, et qu'il ne répondra désormais aux questions qui pourront lui être adressées que dans le cas où son silence pourrait être nuisible à ses coaccusés.

Les débats suivirent leur cours sans qu'il se produisît d'incident important, aucun des accusés ne pouvant ni ne voulant nier la part qu'il avait prise à l'expédition, mais bientôt l'éloquente parole de M. Berryer, défenseur du prince, vint raviver l'intérêt.

« Messieurs, dit l'admirable orateur, j'ai compris M. le procureur-général quand il s'est écrié : Voilà un triste et déplorable procès ! Et moi aussi je n'ai pu assister à ces graves débats sans qu'il ne s'élevât de douloureuses réflexions en mon cœur.

« Quel n'est donc pas le malheur d'un pays où, dans un si petit nombre d'années, tant les révolutions successives, violentes, renversant tour à tour les droits proclamés, établis, jurés, ont jeté une si profonde et si affligeante incertitude dans les esprits et dans les cœurs !

« Eh quoi ! dans une seule vie d'homme, nous avons été soumis à la République, à l'Empire, à la Restauration, à la royauté du 7 août ; et tous ces grands changements, tous ces gouvernements si rapidement dressés les uns sur les autres, comment ne se seraient-ils pas faits au grand détriment de l'énergie des consciences, de la dignité de l'homme, et je dirai même de la majesté des lois ?

« Pardonnez-moi ces réflexions, Messieurs ; mais chez un peuple où de tels événements se sont si vite succédés, serait-il donc vrai que les hommes qui ont le plus d'énergie, qui ont le sentiment le plus élevé des droits, le respect le plus profond de la foi jurée, le sentiment le plus religieux des engagements pris, la fidélité la plus inviolable aux devoirs contractés, serait-il vrai que ceux-là sont précisément les hommes les plus exposés à être considérés comme des factieux, comme de mauvais citoyens?

« Pensées douloureuses que celles-là! A travers la succession de tant de gouvernements et de principes contraires (laissant même de côté ceux qui n'ont pris pour guide que les calculs de l'intérêt privé), il faut avouer que l'on compte encore au nombre des citoyens les plus purs et les plus vertueux, ceux qui, cependant, ont eu le plus de faiblesses et qui, s'associant à toutes les causes victorieuses, ont été, dans cette période, appelés tour à tour à condamner comme crime, ce que, naguère, il leur était enjoint d'imposer, de prescrire comme un devoir!

« Dans une telle situation, les hommes d'état et les moralistes peuvent s'alarmer, peuvent s'affliger, mais les hommes de justice, juges ou avocats, quand ils se trouvent jetés dans un de ces procès politiques où la vie des hommes est en jeu, doivent tous s'armer de vérité et de courage, doivent protester énergiquement, et, avant d'accorder au pouvoir les satisfactions, les vengeances qu'il réclame, rechercher quelle part ils ont eue eux-mêmes dans les actes, dans les entreprises et les résolutions dont on vient requérir le châtiment.

« C'est un devoir qui m'est imposé aujourd'hui, un devoir que j'ai loyalement accompli il y a vingt-cinq ans, au début de ma carrière. Alors que des ministres, méconnaissant la charte nouvelle, et infidèles à son caractère auguste, poussaient devant les tribunaux les hommes échappés au désastre de Waterloo, moi, Messieurs, qui déjà avais adopté les principes politiques que j'ai défendus, que j'ai gardés, que je garderai toute ma vie, et que le spectacle de tout ce qui s'est passé n'a fait que fortifier chaque jour davantage; moi, royaliste, j'ai défendu les hommes restés fidèles à l'empereur; j'ai fait la part des événements, des traités, des fautes mêmes du gouvernement, et les juges du roi ont acquitté Cambronne!...

« Aujourd'hui l'accusé qui a accordé cet honneur à mon indépendance et à ma bonne foi, de venir me chercher pour la défense dans un parti si différent du sien, ne me verra pas faillir à la confiance qu'il a mise en moi. Aussi, quoique ce procès touche à tous les points fondamentaux de nos luttes politiques, croyez-le bien, je ne l'aborderai que sous le point de vue du seul pouvoir que vous ayiez à exercer ici, le pouvoir judiciaire.

« Messieurs, le 5 août dernier, le prince Napoléon-Louis est parti de Londres sans communiquer à personne ses résolutions; accompagné de quelques hommes sur le dévouement desquels il devait compter, il s'est embarqué avec eux, et à l'approche des côtes de France, il les a fait armer; il est descendu sur le sol français, il y a jeté des proclamations, il y a jeté un décret qui dit que la branche d'Orléans a cessé de régner, qui prononce la dissolution des chambres, qui annonce la convocation d'un congrès national, et qui appelle à la tête du gouvernement provisoire le président actuel du conseil des ministres. Tous ces faits sont avoués, aucun n'est contesté, et vous êtes réunis pour les juger.

« Mais, je vous le demande, dans la position personnelle du prince, après les grands événements qui se sont accomplis en France, et qui sont votre propre ouvrage, en présence des principes que vous avez proclamés et dont vous avez fait la loi du pays, l'entreprise, la résolution du prince, présente-t-elle un caractère de criminalité qu'il vous soit possible de déclarer et de punir judiciairement ?

« Est-ce donc qu'il s'agit simplemeut d'appliquer à un sujet rebelle et convaincu de rébellion, les dispositions du Code pénal ?

Non, Messieurs, le prince a fait autre chose, il a fait plus que de se rendre coupable de violation de territoire, il est venu contester la souveraineté à la famille d'Orléans ; il est venu réclamer pour sa propre famille le droit à cette souveraineté ; il l'a fait au même titre et en vertu du même principe politique sur lequel vous avez posé la royauté nouvelle.

« En cet état de choses, vous le reconnaissez d'abord, il ne s'agit pas pour vous de vous prononcer entre les deux principes dont la lutte a si profondément agité, divisé le pays depuis cinquante ans, il ne saurait être question ici de défendre les principes aujourd'hui dominants en France contre un principe contraire : c'est votre principe même qui est invoqué. Deux mots d'explication.

« Tant que la maison de Bourbon a régné, tant que la branche aînée a été sur le trône, la souveraineté en France a résidé dans la personne royale; la transmission a été réglée dans un ordre certain, invariable, connu de tous, maintenu au-dessus de toutes les prétentions rivales par la loi fondamentale. Ainsi consacrée par le temps, par les lois, par la religion, cette souveraineté a été le titre et la garantie de tous les droits des citoyens; c'était le patrimoine du passé promis en héritage à l'avenir, c'était la légitimité!

« Elle n'est pas en cause dans ce procès; mais en 1830, le peuple a déclaré que la souveraineté résidait dans le vœu et la volonté de la majorité des citoyens, vous l'avez reconnu, vous l'avez consacré en tête de la nouvelle constitution.

« On nous a dit tout à l'heure : Depuis vingt-cinq ans la France poursuit sa carrière; elle veut le règne des lois et le maintien des institutions; mais n'est-ce donc rien que l'accident de 1830? Ignore-t-on ce qu'on a fait ou ne veut-on plus le savoir? N'est-ce rien que ce changement de tout le système des droits dans un pays? N'est-ce rien que de renverser le principe fondamental des lois et d'y en substituer un autre? N'est-ce rien que de proclamer à la face d'un peuple intelligent et hardi des principes nouveaux qui lui donnent la conviction des droits de tous et de chacun? N'est-ce rien que tout cela?

« La souveraineté nationale a donc été déclarée en France; et cette souveraineté, comment peut-elle être proclamée, transmise, si ce n'est par une manifestation certaine, incontestable des volontés de la nation?

« Or, cette manifestation, je ne la vois pas dans la résolution des députés et d'une partie de la chambre des pairs en août 1830. Le principe qui vous gouverne aujourd'hui, que vous avez placé au-dessus de tous les pouvoirs, c'est celui de 91, c'est celui qui régnait en l'an VIII, et en vertu duquel on a fait appel à la nation pour qu'elle se prononçât sur le consulat à vie; c'est encore en vertu de ce principe que 4 millions de votes, en

1804, ont déclaré que la France voulait être gouvernée héréditairement par Napoléon, par sa descendance, par celle de Joseph, son frère, et, à défaut de celle-ci, par celle de Louis. —

« Le sénat, en 1814, a aboli cette hérédité; mais que s'est-il passé en 1815? Qu'a fait la Chambre des représentants? Qu'allait-on faire au Champ-de-Mai? Combien de votes se sont prononcés pour l'acte additionnel tendant à renouveler les manifestations du pays en faveur de la dynastie impériale?

« Et soyez de bonne foi : parmi ceux qui vont me juger et que je vois ici devant moi, combien en est-il qui, durant quinze ans, ont travaillé de tous leurs efforts à rétablir le même principe que le retour de la maison de Bourbon avait effacé? Combien sont descendus jusqu'à des engagements, au milieu de la fièvre des partis et des ardeurs individuelles les plus passionnées, pour rétablir ce dogme de la souveraineté du peuple, pour raviver cette protestation de la Chambre des représentants, que j'ai entendu beaucoup de ceux qui m'écoutent ici même réclamer comme le testament de la nationalité française ? Cet acte, vous l'avez fait en 1830.

« Après une expérience de dix années, le prince Louis Napoléon s'est dit : Je soutiendrai mon droit.

« Nous verrons dans quel moment, sous quelle impression, le prince, ardent, téméraire, s'est élancé des côtes d'Angleterre sur celles de France ; ne pensons actuellement qu'au droit de juger, au droit de régler par un arrêt la contestation portée devant vous, de vider ce débat entre le pouvoir établi et le prétendant à un droit qui, après tout, n'est pas un rêve.

« Il faut, direz-vous, défendre le pays et le préserver de commotions nouvelles ; je le reconnais. Il faut gouverner, oui, gouverner; mais juger ! mais prononcer un arrêt ! vous ne le pouvez pas. On aura beau dire que ce sont là des phrases au service de tous les factieux, non ! le droit d'hérédité, fondé sur le principe que vous avez restauré en 1830, en renversant le principe contraire, ce droit, réclamé par l'héritier incontestable de l'empereur, vous ne pouvez le méconnaître, vous ne pouvez donc juger ! Entre vous et lui il y a une cause victorieuse et une cause vaincue; il y a un possesseur de couronne et une famille dépossédée. Mais mille fois, je le répèterai, il n'y a pas de juges, il n'y a pas de justiciable !

« On a parlé de reconnaissance, et je répondrai à cela tout à l'heure, mais en attendant, je dis : Quand on a appliqué, en 1836, au prince Louis ce principe professé par nous, qu'à l'égard des familles déchues il n'y a que de la politique et point de justice, principe proclamé ici par l'un de vous, qui a dit qu'en pareil cas les formes judiciaires ne sont qu'une solennelle comédie ; j'apprécierai la valeur des droits qui sont en présence ; je mettrai en balance la souveraineté de juillet et la souveraineté résultant des constitutions de l'empire ? Vous, impartiaux ! vous n'avez pas le droit de l'être ; vous ne pouvez pas l'être, car vous êtes un des grands pouvoirs de l'Etat, et une révolution ne peut se faire qu'en vous brisant ; vous devez défendre le gouvernement dont vous faites partie, dans la latitude et dans les limites de vos pouvoirs. Or, si vous ne pouvez être impartiaux, pouvez-vous être juges ? Et, je vous le demande, quelle idée restera-t-il de la justice, si vous couvrez la politique de son manteau sacré ? Laissez au moins, dans notre dépourvu, le peuple distinguer la politique de la justice, et ne l'habituez pas à confondre un arrêt avec un acte de gouvernement.

« Que si, malgré les principes que vous avez consacrés, malgré les actes les plus solennels de gouvernement, qui mettent le prince en dehors du droit commun, vous voulez encore être juges, au moins, Messieurs, jugez humainement les choses humaines et rendez-vous compte de toutes les circonstances au milieu desquelles a éclaté l'entreprise du 6 août.

« Je ne fais ici ni de la politique ni de l'hostilité ; je prends les faits. Le pouvoir en France est confié aujourd'hui à un ministère dont l'origine est récente, et qui, pendant plusieurs années, a lutté avant de parvenir à se constituer. Dans son ardente polémique, il avait gémi profondément sur la politique suivie à l'égard de l'étranger ; il avait vu de la timidité (je n'emploierai pas un autre mot dans toutes nos relations avec les Etats de l'Europe ; il avait gémi du délaissement de la Belgique, dans la question du Luxembourg ; il avait gémi de l'abandon d'Ancône sans conditions ; il avait accusé les exigences funestes qui ont failli nous aliéner la Suisse ; plus amèrement encore, il avait gémi sur une politique désolante qui, absorbant toute la pensée de la France dans les intérêts matériels, tremblait à la seule idée de guerre et laissait échapper notre influence sur l'Espagne, pour la laisser tomber bientôt sous la tutelle de l'Angleterre ; eh bien ! à ce ministère qu'est-il arrivé ?

« A peine a-t-il touché le pouvoir, qu'il a vu surgir des idées injurieuses pour le pays, offensantes pour sa dignité, menaçantes pour ses intérêts ; il a vu se préparer quelque chose comme la réunion de tous les États contre la France isolée du congrès et des transactions des rois, et il a compris dès-lors qu'il fallait arracher au joug des intérêts matériels la France vouée à l'égoïsme ; il a compris qu'il fallait réveiller d'autres sentiments dans cette belle et glorieuse patrie ; il a voulu ranimer de grands souvenirs ; il a été invoquer la mémoire de celui qui avait promené sa grande épée de l'extrémité du Portugal à l'extrémité de la Baltique, cette épée qui avait presque courbé les Pyramides, et plus tard avait tenté de séparer l'Angleterre du continent européen; il a tout fait pour provoquer l'esprit guerrier de la France; les cendres de l'empereur, il les a réclamées et restituées à la France : il a commandé un magnifique monument pour les recevoir; la tombe du héros, on est allé l'ouvrir; ses armes, on les reprend des mains de celui qui en avait reçu le dépôt sacré; on va les déposer glorieusement sur son tombeau impérial!...

« Et vous ne comprenez pas les sentiments que de telles manifestations ont dû faire éclater dans le cœur du jeune prince? Est-ce donc ici où tant d'hommes doivent tout au nom qu'ils ont reçu avec la vie; est-ce à ces hommes que j'ai besoin de faire comprendre tout ce que ces grandes provocations devaient remuer dans le cœur de l'héritier d'un si grand nom!

« Et le gouvernement, vous le savez, Messieurs, a senti un tel besoin de se rallier au principe impérial qu'un ministre du roi a dit : « Napoléon fut le souverain légitime du pays. » C'est alors que le jeune prince a vu se réaliser ce qui n'était encore que dans les pressentiments des hommes qui ourdissaient ce plan combiné contre la France ; et vous ne voulez pas que ce prince téméraire, présomptueux peut-être, mais doué d'un caractère qui a du sang, vous ne voulez pas que, sans consulter ces ressources que savent si bien se ménager les conspirateurs de longue main, il se soit dit : Ce nom, qui réveille la foi dans la victoire, et qui répand la terreur de la défaite, c'est à moi de le porter vivant sur la frontière ! Je suis le fils, l'héritier de l'Empereur ; son sang, il est dans mes veines ; ce deuil qu'on apprête, c'est à moi de le conduire. Quoi ! ces armes qu'on déposera sur le tombeau, vous les disputez à l'héritier du héros ! Ah ! Messieurs, comprenez donc comme moi que c'est sans calcul que le prince, jeune et ardent, s'est dit : J'irai, je conduirai le deuil, je poserai les armes sur la tombe de l'Empereur, et je dirai à la France : Voulez-vous de moi?..... (Mouvement.)

« S'il y a crime, c'est vous qui l'avez fait, c'est vous qui, par vos principes, par les actes solennels du gouvernement ; l'avez provoqué; c'est vous qui l'avez déclaré déchu de ses droits, de son rang, de son nom, de neveu de l'empereur ! vous qui, sous la proscription même, avez nonrri le jeune prince dans la conviction de ses droits. S'il y a crime, je le répète, vous l'avez inspiré. Et vous voulez le juger ; et pour qu'il soit plus facile de déterminer vos résolutions, pour que plus aisément vous puissiez vous constituer ses juges, vous dites que c'était une entreprise folle, insensée! Mais le succès serait-il donc devenu la base des lois morales et du droit?

« Quelque faiblesse, quelque illusion qu'il

y ait dans une entreprise, ce n'est pas le nombre des soldats qu'il faut compter, il faut voir le droit, il faut voir ses principes; ce droit, vous ne pouvez pas en être juges; ils ne peuvent provoquer qu'une résolution politique dans l'intérêt du gouvernement, mais non pas un jugement; ils ne sont pas diminués par le ridicule que vous voulez jeter sur l'entreprise, et je n'ai pas pensé que cette cause tomberait devant les paroles dédaigneuses de M. le procureur-général.

« Messieurs, il y a une arbitre éternel entre le juge et l'accusé : la conscience. Eh bien ! à la face du pays, sans consulter la faiblesse des moyens, dites-vous : S'il eût réussi, j'aurais nié, méconnu, repoussé son droit. Ah ! j'accepterais un tel arbitrage. Que celui de vous qui peut dire, la main sur le cœur : Je l'aurais renié victorieux ! que celui-là le condamne !...

« Messieurs, si vous constituez un tribunal, si le Code pénal est applicable, ouvrez-le ; qu'elle peine trouvez-vous ? la mort ! vous ne la voulez pas malgré vous, en vous constituant juges, vous voudrez faire un acte politique ; vous ne voudrez pas froisser à ce point les sentiments que vous cherchez encore à exalter : vous ne voudrez pas le même jour attacher le même nom sur une tombe de gloire et sur un échafaud ! Vous mettrez la loi de côté, et alors ce ne sera pas une simple raison d'indulgence, mais une raison politique saisira le juge et commandera au corps politique. Que ferez-vous donc ?

« Le jetterez-vous au loin sur quelque rocher désert, pour qu'une autre tombe de Sainte-Hélène contienne d'autres glorieux ossements ? prononcerez-vous une peine infamante ? Non, dans une chambre française une condamnation infamante sur ce nom est impossible ; une condamnation infamante ne sera pas le premier gage de paix à venir que vous voudriez jeter à l'Europe.

« On veut que vous soyiez des juges ; on veut que vous prononciez une peine contre le neveu de Napoléon ; mais en remontant à l'origine de vos existences, je me demande qui vous êtes? ducs, comtes, barons, anciens ministres, maréchaux ; qui a fait vos droits, vos titres, vos grandeurs? Oui, sans doute, votre capacité, votre zèle, votre dévouement à la patrie vous ont mis en lumière ; mais n'est-ce pas par les munificences de l'empire que vous avez été récompensés, que vos titres ont été sanctionnés et que vous avez enfin le droit de siéger ici.

« La question est toute politique, Messieurs ; rendez le prince à l'exil, c'est la vie que vous lui avez faite. Que la loi s'exécute, voilà le seul arrêt que puisse rendre la Chambre des pairs. En présence des engagements imposés, en présence des souvenirs de toute votre vie, en présence des causes servies et des bienfaits reçus, une condamnation aurait quelque chose d'immoral.

« Messieurs, il y a une logique inévitable et terrible dans l'intelligence et les instincts des peuples ; quiconque a violé une seule loi morale, doit attendre le jour où on les brisera toutes sur lui-même. »

On admira la parole du défenseur sans espérer qu'elle pût avoir pour résultat l'acquittement de l'accusé ; l'arrêt était rédigé d'avance ; il condamnait Louis-Napoléon à l'emprisonnement perpétuel dans une forteresse sur le territoire continental du royaume. MM, Montholon, Parquin, Lombard, Persigny furent condamnés à vingt ans de détention ; quelques-uns seulement des accusés furent acquittés ; la peine appliquée aux antres varia de cinq à quinze ans d'emprisonnement.

Eufermé de nouveau au fort de Ham, le prince Louis y passa sept années sans se plaindre, sans qu'il fût possible de lui reprocher le moindre acte de faiblesse. Rien ne lui eût été plus facile que d'obtenir sa mise en liberté ; il lui eût suffi de présenter une demande en grâce, portant engagement de ne rien entreprendre désormais contre Louis-Philippe ou sa dynastie ; Louis-Napoléon aima mieux souffrir et se taire.

En 1847, le prince ayant appris que son père, malade depuis longtemps, touchait à sa fin, demanda l'autorisation de se rendre près de lui, donnant sa parole qu'il reviendrait se constituer prisonnier. On lui refusa cette satisfaction, en vue de l'amener à la demande en grâce sous condition qu'on voulait lui imposer. Ce fut alors seulement qu'il songea à recourir à la ruse ; il se procura un costume de maçon qu'il revêtit, chargea une poutre sur ses épaules dans une partie de la forteresse où l'on faisait des réparations, et ainsi affublé, grâce au concours de quelques amis dévoués, il sortit de la forteresse sans coup férir; quelques heures après il était hors de France.

Le prince Napoléon était à Londres lors de la révulution de février ; son cœur bondit de joie en apprenant que la République était proclamée en France, et il accourut à Paris pour se mettre à la disposition du gouvernement provisoire. Mais déjà le pouvoir nouveau tremblait comme s'il eût été effrayé de ce qu'il avait fait ; on fit entendre au prince que sa présence sur le sol français pouvait augmenter beaucoup les embarras du moment, empêcher la jeune république de s'affermir, et sacrifiant toutes ses joies, toutes ses espérances au bonheur du pays, il s'éloigna.

Mais le temps de la réparation était proche ; désavouant les trembleurs qui lui avaient fait reprendre le chemin de l'exil, deux cent mille électeurs jetèrent spontanément son nom dans l'urne électorale, et Louis-Napoléon est aujourd'hui un des représentants de ce peuple parmi lequel il ne voit que des frères, de cette France qu'il aime, et qu'il va concourir à rendre forte, calme et glorieuse.

Mais qui le croirait? sa nomination est à peine connue, que son nom illustre sert de but et de prétexte à des agitations. Des discussions plus ou moins passionnées s'élèvent au sein de l'Assemblée législative, au sujet de la validité de ses élections; quelques-uns s'écrient que la République est menacée par ce prétendant, qui nous ramènerait au régime de l'Empire; d'autres s'emparant de ce que, dans la rue, son nom se trouve mêlé à celui de quelques auteurs de la tentative du 15 mai contre l'Assemblée nationale, demandent l'application rigoureuse de la loi qui proscrit sa famille, et M. de Lamartine, dans la séance du 12 juin, vient, au nom de la commission exécutive, faire la proposition suivante :

« Vu l'article 4 de la loi du 12 janvier

1816; — Considérant que Charles-Louis Napoléon est compris dans la loi de 1832, qui exile du territoire français la famille Bonaparte;

« Considérant que s'il a été dérogé de fait à cette loi, par un vote de l'Assemblée nationale, qui a admis trois membres de la famille Napoléon à faire partie de l'Assemblée nationale, cette dérogation toute individuelle ne s'étend ni de droit, ni de fait, aux autres membres de la même famille;

« Considérant que la France veut fonder en paix et en ordre le gouvernement républicain et populaire, sans être traversée dans cette œuvre par des prétentions dynastiques, de nature à susciter des factions et à fomenter même involontairement, la guerre civile;

« Considérant que Charles-Louis Napoléon a fait deux fois acte de prétendant, en rêvant une république avec un empereur, c'est-à-dire en rêvant une république dérisoire dans les termes du sénatus-consulte de l'an XIII;

» Considérant que ces agitations, symptômes de menées coupables, pourraient acquérir de la gravité, si, par négligence, imprudence ou faiblesse, le gouvernement ne maintenait ses droits;

» Considérant que le gouvernement ne peut accepter la responsabilité des dangers que courraient la forme républicaine de nos institutions et la paix publique, s'il manquait au premier de ces devoirs et n'exécutait pas une loi existante, justifiée plus que jamais, pendant un temps déterminé, par la raison d'Etat et par le salut public;

» La commission du pouvoir exécutif déclare qu'elle fera exécuter, en ce qui concerne Charles-Louis Napoléon, la loi de 1832, jusqu'au jour où l'Assemblée nationale aura prononcé l'abrogation de cette loi. »

Des voix nombreuses accueillirent cette

lecture aux cris de *Vive la République* ! mais un représentant, M. Larabit, reprit aussitôt : *Vive la République et pas de proscriptions* !

Dans la séance du lendemain, M. Favre, rapporteur du 7e bureau, monte à la tribune et prononce le discours suivant :

Citoyens, j'ai l'honneur de vous faire connaître les conclusions que je suis chargé de soutenir, relativement aux élections de la Charente-Inférieure.

Ce département avait un représentant à nommer par suite d'option ; le procès-verbal ne permet aucune objection contre la régularité des opérations électorales : le citoyen Louis-Napoléon Bonaparte, a obtenu 23,022 voix ; le citoyen Paillet, ancien député, 21,440, et le citoyen Charles Thomas, 15,600. La majorité a été acquise au citoyen Louis Bonaparte, qui, dans la forme, a été élu représentant du peuple.

Mais votre bureau ne s'est pas dissimulé la difficulté en face de laquelle il se trouvait placé, et je vous demande la permission de l'aborder franchement et sans prendre aucun des attermoiements qui pourraient paraître vouloir l'éluder. Je dis des attermoiements, car il est une question qui n'a pu être levée faute de justifications relatives à l'âge et à la nationalité ; mais il serait tout à fait indigne d'une grande Assemblée, dans des circonstances difficiles, au milieu de l'anxiété publique, de s'arrêter à des attermoiements. Il faut aborder franchement la question : c'est ce qu'a fait votre commission, et elle l'a résolue dans le sens de l'admission du prince Louis-Napoléon Bonaparte.

M. le rapporteur poursuit le résumé de la discussion de la proposition Piétri, et il s'attache à démontrer que la grande majorité de l'Assemblée voulait l'abrogation de la loi de bannissement contre la famille Bonaparte.

Maintenant, dit-il, sortez de l'Assemblée et voyez ce qu'a dû comprendre la conscience publique après l'admission, dans l'Assemblée nationale, de trois membres de la famille Bonaparte, après l'attitude de l'Assemblée elle-même devant la proposition Piétri, après les paroles de M. le ministre de la justice ; demandez-vous si le sentiment public n'a pas dû naturellement être conforme à celui de la majorité de l'Assemblée, qui paraissait être celui du gouvernement.

M. Ledru-Rollin a semblé, et peut-être n'est-ce qu'une question d'anachronisme, M. Ledru-Rollin a semblé se séparer de M. le ministre de la justice (Rires.) Mais enfin des membres de la commission exécutive assistaient à la séance du 2 juin ; s'ils n'y assistaient pas, ils ont dû s'en faire rendre compte ; or, la commission exécutive a trop d'intelligence politique pour n'avoir pas compris les conséquences d'un vote de l'Assemblée à propos de la proposition Piétri, qui n'a été écartée que par un ordre du jour motivé, après le rejet de l'ordre du jour pur et simple. Combien un pareil vote n'avait-il pas de signification la veille des élections ?

Mais si ce n'était pas assez pour prévenir la commission exécutive, le 4 juin, est-ce que les murs de Paris ne se couvraient pas d'affiches, recommandant la candidature du citoyen Louis-Napoléon Bonaparte ? Si M. le ministre de la justice n'avait pas exprimé sa pensée, c'était pour le gouvernement le moment de dire aux électeurs : Prenez-garde ! le vote de l'Assemblée n'est pas définitif; les paroles du ministre de la justice cachaient un piége. (Murmures.)

Ce n'est pas tout encore. Le citoyen Louis-Napoléon est élu dans le département de la Seine et dans plusieurs autres ; qu'a fait le gouvernement ? Si sa pensée n'est pas conforme à celle du ministre de la justice, il va en avertir les électeurs et le citoyen Louis-Napoléon lui-même. S'il n'a pas averti le pays à ce moment suprême, la conséquence invincible, c'est que le gouvernement a reconnu sa pensée dans celle du ministre et, je dois le dire, de la majorité de cette Assemblée.

Cinq jours s'écoulent pendant lesquels, à chaque minute, le paquebot de Douvres peut jeter le prince Louis-Napoléon sur les côtes de France. Le gouvernement ne fait rien encore. Mais hier, ce n'a pas été sans une vive surprise que j'ai vu un membre de la commission exécutive nous lire, non pas un projet de décret, mais une déclaration par laquelle le gouvernement annonce qu'il entend maintenir la loi de bannissement contre le citoyen Louis-Napoléon Bonaparte.

Quelle est donc la portée d'un pareil langage aux du pays tout entier? Vous avez déclaré la loi de 1832 abrogée, et voilà qu'en face du pays vous déclarez de nouveau que la loi de 1832 subsiste et qu'elle sera appliquée ; vous allez même jusqu'à citer l'article 4 de la loi de 1816, qui a été abrogée par celle de 1332, et qui interdit à la famille Bonaparte le territoire français sous peine de mort. (Mouvements divers.)

Croyez-vous donc que vous n'avez pas entraîné les suffrages des électeurs ? Pourquoi les annuler aujourd'hui ?

Voilà la question de légalité telle que votre bureau se l'est posée. A une grande majorité, vous savez laquelle, votre bureau a pensé que cette question avait été résolue par les paroles de M. le ministre de la justice et par le silence du gouvernement, après comme avant l'élection. La majorité du bureau n'a pas pensé qu'il fût possible, après que l'élection populaire a mis son quadruple sceau sur le front d'un citoyen, de lui faire une position plus fâcheuse que lorsqu'il n'était encore que simple citoyen.

La majorité du bureau a pensé que de la part de toutes les forces du gouvernement, il y avait eu manifestation telle, que le pays avait dû croire que le citoyen Louis-Napoléon avait capacité suffisante pour être élu.

Quant à la question politique, elle a été soulevée, dans la séance du 2 juin, par les paroles du citoyen Clément Thomas.

Louis Bonaparte a conspiré deux fois, mais ce n'est pas une raison pour l'exclure s'il se présente maintenant comme simple citoyen; car la France doit ouvrir les bras à tous ses enfants.

Quelle a été l'attitude du gouvernement? N'a-t-il pas compris la question? Oui, puisque M. le ministre de la justice disait que la France n'avait rien à craindre. Cette pensée a été, vous le savez tous, celle de la très-grande majorité de cette Assemblée.

La République est trop grande et trop forte, elle a planté son drapeau trop haut pour qu'elle ait rien à craindre.

Eh bien! Messieurs, la pensée de l'Assemblée nationale a été aussi celle du bureau. La question de légalité se lie donc, vous le voyez, à la question politique.

Le citoyen Lamartine a invoqué la raison d'Etat pour motiver le danger de la présence du prince Louis. Eh bien! la majorité de votre bureau n'a pas cru que cette pensée dût être modifiée.

Remarquez qu'il ne ressort pas des considérants en question que Louis Bonaparte se soit allié aux conspirateurs, non; seulement on dit que son nom a été exploité par des agitateurs; c'est dans ce seul fait qu'on verrait une raison pour revenir sur la pensée manifestée dans la séance du 2 juin.

Oui, nous sommes d'accord lorsqu'il s'agit de fonder et de maintenir une République grande, et je la veux, pour ma part, tellement forte qu'elle puisse braver tous les prétendants ; mais que demande la commission ? de voter un amendement d'expulsion contre le citoyen Bonaparte alors qu'il n'est plus un simple citoyen, ni un prétendant, mais un élu du peuple. (Très-bien, très-bien.)

On demande une mesure exceptionnelle. Le citoyen Bonaparte s'est-il mêlé aux agitateurs ? A-t-il été surpris la main au milieu des agitations ? Oh ! alors, l'Assemblée se joindra à vous, elle ne laissera aucun homme en arrière (Très-bien ! très-bien !) pour empêcher qui que ce soit de recommencer les tentatives de reconstruction d'un empire impossible.

Il est l'élu du peuple. S'il a commis un crime, poursuivez-le ; mais venir prétendre, au nom de la raison d'État, que le citoyen Bonaparte, même innocent, même étranger aux manifestations coupables qui ont provoqué hier un déplorable attentat; prétendre, dis-je, qu'il est un danger, c'est vouloir faire croire que la République que vous avez fondée est bien faible, puisqu'elle a tellement à redouter de la présence d'un homme. (Mouvements divers.)

La commission exécutive a eu le tort de grandir le citoyen Bonaparte; au lieu de lui interdire cette enceinte, elle aurait dû le convier à cette tribune.

On parle des tentatives de 1840; je comprends que le prince Louis Bonaparte, exilé, ait rêvé ces folles tentatives; mais, aujourd'hui, le retour de cette situation n'est-il pas impossible? s'il voulait recommencer la parodie de 1840, il serait couvert du mépris de ses concitoyens et de la postérité. Comment voulez-vous qu'il change le rôle de représentant en celui de factienx? Quant au danger de le voir à cette tribune, ne le redoutez pas (Rire général.); n'oubliez pas que la parodie du manteau impérial ne va pas plus à sa taille que les circonstances actuelles.

L'Assemblée, à une très-forte majorité, a prononcé l'admission du citoyen Louis Bonaparte comme représentant du peuple, à la condition par lui de justifier de son âge et de sa qualité de Français.

Cependant l'élection et l'admission d'un neveu de l'Empereur, naguère posé en prétendant, n'avait pas eu lieu sans révéler de grands souvenirs et surexciter certaines passions; on attendait avec une vive anxiété la solution complète de cette affaire, lorsque, dans la séance de l'Assemblée nationale du 15 juin, le président de cette Assemblée donna lecture d'une lettre ainsi conçue :

Londres, 14 juin 1848.

« Monsieur le président,

» Je partais pour me rendre à mon poste, lorsque j'appris que mon élection servait de prétexte à des troubles déplorables, à des erreurs funestes. Je n'ai pas recherché l'honneur d'être élu représentant, parce que je soupçonnais l'injustice dont j'ai été l'objet; je récuse tous les soupçons, car je n'ambitionnais pas cette élection, et encore moins le pouvoir.

« Si le peuple m'impose des devoirs, je saurai les remplir. Mais je désavoue tous ceux qui me prêteraient des intentions ambitieuses que je n'ai pas, et qui se seront servis de mon nom pour fomenter des troubles.

« Mon nom est avant tout un symbole d'ordre, de nationalité, de gloire, et, plutôt que d'être le sujet de troubles et de déchirements, j'aimerais mieux rester en exil.

» Ayez la bonté, Monsieur le président, de faire connaître cette lettre à mes collègues.

» Agréez, etc.

» Louis Bonaparte. »

Les circonstances au milieu desquelles eut lieu cette élection décidèrent le nouvel élu à ne pas accepter les fonctions de représentant, et il envoya sa démission au président de l'Assemblée nationale.

Par suite, de nouvelles élections viennent d'avoir lieu, et le prince Louis-Napoléon a été proclamé représentant du peuple dans cinq départements différents.

Aujourd'hui, rentré dans sa patrie, il s'est présenté à l'Assemblée nationale où sa présence a produit une sensation bien naturelle en raison des souvenirs qui se rattachent au nom le plus illustre de la France.

A la séance de l'Assemblée nationale du 26 septembre, aprè. la vérification des pouvoirs, le président proclama l'admission du citoyen Louis-Napoléon Bonaparte. Aussitôt le nouveau représentant demande la parole, et prononce, au milieu du plus profond silence le discours suivant :

« J'ai besoin d'exposer ici hautement, et dès le premier jour où il m'est permis de siéger parmi vous, les vrais sentiments qui m'animent. Après 34 années de proscription et d'exil, je retrouve enfin ma patrie et tous mes droits de citoyen !

« La République m'a fait ce bonheur. Que la République reçoive mon serment de reconnaissance et de dévouement, et que les généreux patriotes qui m'ont porté dans cette enceinte soient certains que je m'efforcerai de justifier leurs suffrages en travaillant avec vous au maintien de la tranquillité, le premier besoin du pays, et au développement des institutions démocratiques que le peuple a droit de réclamer.

« Longtemps je n'ai pu consacrer à la

France que les méditations de l'exil et de la captivité ; aujourd'hui la carrière où vous marchez m'est ouverte. Recevez-moi dans vos rangs, mes chers collègues, avec le même sentiment d'affectueuse confiance que j'y apporte. Ma conduite, toujours inspirée par le devoir, toujours animée par le respect de la loi, ma conduite prouvera, à l'encontre des passions qui ont essayé de me noircir pour me proscrire encore, que nul ici plus que moi n'est résolu à se dévouer à la défense de l'ordre et à l'affermissement de la République.

FIN.

www.ingramcontent.com/pod-product-compliance
Lightning Source LLC
LaVergne TN
LVHW020350230826
846091LV00003B/1050